M. L'Abbé A. LE BOUCHER

Chevalier du Saint-Sépulcre,
Chanoine honoraire d'Angers, de Reims,
de Bordeaux,
Fondateur de Notre-Dame-des-Champs d'Angers, etc.

CURÉ DE BEAUFORT

NOTES ET SOUVENIRS

PAR

M. JOSEPH DENAIS

Se vend au profit du monument projeté

PARIS

1886

C'est avec une émotion que comprendront tous mes concitoyens, tous ceux qui ont pu connaître, ou seulement rencontrer, notre cher et vénéré curé de Beaufort, que j'entreprends d'écrire ces lignes.....

Encore tout enfant, lorsque M. Le Boucher vint occuper dans ma ville natale, les fonctions curiales qu'avait remplies pendant vingt années M. l'abbé Ferrand, ce prêtre digne de tous les respects, je puis dire ici qu'il n'est en quelque sorte pas un acte de ma vie, pas une joie, pas une peine, auxquelles la bienveillante affection de notre cher curé, devenu mon confident et mon ami, ne m'ait fait découvrir dans ce cœur si tendre et si grand, quelque qualité rare, quelque joyau d'exquise bonté, et d'infinie délicatesse (1). Je ne suis pas le seul, je le sais, que ces qualités avaient conquis à M. Le Boucher. J'ai la certitude au contraire qu'en rappelant, au souvenir de conversations si touchantes, de relations si cordiales, quelques traits de la vie de celui que nous pleurons, je ne ferai que répondre d'une manière bien insuffisante, je le crains, aux sentiments de tendresse, de vénération et de piété, que professent au fond du cœur, pour la mémoire de notre bon curé, tous les paroissiens de Beaufort, tous ceux qui ont eu l'occasion d'approcher cet excellent prêtre, insigne bienfaiteur de notre pays.

L'ascendant d'une vertu que la malveillance la plus noire n'eût pas osé soupçonner, un zèle admirable au service des âmes, une grande charité, cette imposante dignité, qu'un abord, toujours bienveillant et facile, savait assez tempérer pour que la confiance ne fût pas intimidée par le respect, enfin toute une vie de dévouement dépensée à Beaufort, donnait à M. Le Boucher, dans notre vie locale, une telle place, qu'il semble, qu'on ne puisse l'avoir perdu tout à fait. Il paraît absent ; il nous manque seulement pour quelques jours : on le cherche, on croit l'apercevoir !... On l'attend !...

Dans cette église, qui est bien la sienne, sa place à jamais vide demeure,

(1) Son cœur affectueux, débordait dans ses lettres, comme dans ses paroles. Je puis citer, comme exemple, entre tant d'autres, quelques phrases des dernières lettres que j'eus le bonheur de recevoir de lui ; la plus récente date de cette indisposition qui devait, en s'aggravant, le conduire à la tombe : « Les grandes et saintes choses ne vont jamais sans la Croix, cher ami, disait-il ; « Fais ce que dois » et puis... en avant marche ! Je vous aime encore davantage parce que vous êtes triste. » Et encore : « Au revoir, cher vieil ami, me voilà repris de mes névralgies, je n'ai plus qu'une mauvaise tête, mais le cœur reste bon, et il vous embrasse tendrement. » Ces simples mots exhalent un parfum de simplicité et de foi qui n'échappera pas aux âmes délicates...

aux yeux de tous, comme un tombeau mal scellé. Tout nous parle de lui, et de ses bienfaits ; non seulement ces yeux humides, ces regards attristés, ce deuil si profond qui accompagna ses obsèques, mais encore ces rues, qu'il parcourait chaque jour pour ses pieuses visites, ces cloches qu'il a bénites, ce bourdon qui vibrait si joyeusement en 1879, et qui sonnait hier le glas funèbre, semant dans la ville entière la douleur et la consternation, cette magnifique église qui restera dans les siècles futurs comme un vivant témoignage de son goût artistique et de sa piété envers la sainte Vierge, tout enfin, jusqu'a ce cimetière où l'on a déposé ses restes vénérés, et où il nous exhortait naguère encore à penser à la mort : Hélas !... Mais voici la croix qu'il a plantée et qui nous redit les chrétiennes espérances « *Ego sum resurrectio et vita*. Je suis la résurrection et la vie !... »

Tout nous le rappelle !

Ce n'est donc point le besoin de raviver le souvenir de notre cher curé dans sa paroisse, qui m'a engagé à écrire ces pages. Mais nous appartenons à une Religion qui offre aux plus grandes douleurs l'inestimable consolation, le pieux devoir du culte de nos morts. D'autres, qui ont le malheur de ne croire à rien, qu'à la terre, peuvent pour essayer de mettre un terme à leur désespoir, renoncer à tout, même au souvenir. Les chrétiens qui savent pleurer et prier, savent aussi qu'il est bon et consolant de s'entretenir de ceux qui ne sont plus, de ceux que l'on a aimés, de ceux qu'on a la douce espérance de retrouver un jour, dans un monde meilleur. Une plume plus autorisée que la mienne, saura d'ailleurs, je l'espère, faire de cette belle âme un portrait plus digne du modèle. Ce modeste écrit n'a qu'une prétention ; offrir à la mémoire de notre ami un pieux hommage d'affection et de respect. (1)

---

(1) M. l'abbé E. Royer, premier vicaire, qui a assisté le vénérable malade à ses derniers moments, avec un respect et un dévouement filial, a raconté en ces termes la fin de M. Le Boucher :

Atteint d'une indisposition qui, tout d'abord ne présentait aucun caractère de gravité, M. l'abbé Le Boucher était frappé tout à coup au moment où rien ne faisait prévoir un si fatal dénouement. Le jour même de sa mort, le médecin qui le soignait nous rassurait encore sur son compte et calmait les inquiétudes que nous donnait un sommeil trop prolongé. Et dans l'après-midi, en une demi-heure à peine, la maladie faisait les progrès les plus alarmants. La décomposition subite du sang amenait une congestion qui enlevait à notre cher malade toute connaissance, et produisait ce sommeil léthargique, fatal avant-coureur de la mort. Les médecins, mandés en toute hâte, constataient l'état désespéré du pauvre patient, qui reçut alors l'Extrême-Onction. Mgr l'évêque lui envoyait en même temps une dernière bénédiction, et le malade semblait reprendre un peu de vie. Ce n'était hélas, qu'un délai de quelques heures. L'un des maîtres de la science médicale, M. le docteur Farge, accouru près du lit de son ami, ne put que retarder de quelques instants les coups de la mort. A neuf heures, la veille de la Nativité de la T. S. Vierge, après une dernière absolution, M. l'abbé Le Boucher s'éteignit doucement au milieu des larmes et des sanglots de sa famille arrivée juste à temps pour recevoir son dernier soupir.

L'abbé Augustin-Charles-Paul Le Boucher, naquit à Angers, le 27 mars 1826, d'une ancienne et très religieuse famille, originaire de Normandie, et fixée, seulement depuis l'année qui avait précédé sa naissance, au domaine de la Bouteillerie, commune de Brain-sur-l'Authion. Son père, M. Henri-Augustin Le Boucher, garde du corps du roi Charles X, puis magistrat démissionnaire en 1830, pratiquait comme toutes les grandes âmes, le culte de la fidélité et de l'honneur. Ses exemples, ceux d'une mère aussi pieuse que bonne, le dévouement de sœurs pleines d'affection, présidèrent à l'éducation de Augustin Le Boucher, et de ses deux frères : l'un, plusieurs fois entendu dans la chaire de Beaufort, le R. P. Le Boucher, qui entra dans la compagnie de Jésus, jusqu'au jour ou les décrets du 18 mars prétendirent l'expulser, au nom de la liberté des citoyens ; l'autre, M. Emmanuel Le Boucher, ancien procureur à Orléans, où il a laissé le souvenir d'un honnête homme et d'un magistrat intègre, et qui donna sa démission de procureur à Nantes, n'hésitant pas à sacrifier ses intérêts, le jour où il aurait eu pour exécuter les ordres de ses chefs, à discuter avec sa conscience.

Augustin fit ses premières études au collège Stanislas à Paris, puis au petit séminaire de Saint-Nicolas, confié alors à ce grand éducateur de la jeunesse, qui devint l'illustre évêque d'Orléans. Mgr Dupanloup aimait à me rappeler, peu de temps encore avant de mourir, la gaieté franche, l'entrain, surtout la bonté, la piété vive et forte, qui, dès cette époque, constituaient les traits de caractère du jeune écolier.

C'est à Issy, puis à Saint-Sulpice que Augustin Le Boucher vint ensuite étudier la philosophie et la théologie (1844-1850)... Saint-Sulpice ! « Une de nos meilleures gloires, » comme le lui rappelait, à ses noces d'argent, son compatriote et son vieil ami M. l'abbé Perdrau, curé de Saint-Étienne-du-Mont. « Non seulement vous y avez appris, lui pouvait-il dire, cette doctrine saine, vraiment catholique, qui nous tient éloignés de tout esprit de nouveauté, ces principes élémentaires qui nous permettent d'annoncer la parole de Dieu avec certitude et profit pour les âmes ; mais encore, vous y avez reçu ces leçons de vertu qui font les prêtres humbles, éloignés du monde, des hommes de Dieu, des hommes de l'Eglise. Vous y avez puisé cette estime de la vie intérieure que donne l'oraison et l'amour du tabernacle ; et cette forme ecclésiastique, qui est au parfum d'Aaron, comme le vase qui le contient ; et ce zèle de la maison de Dieu qui rend respectables et faciles les moindres cérémonies du sanctuaire ; jusqu'à cette science des cathéchismes, cette méthode d'instruire les enfants, dont on ne sent bien la perfection que lorsqu'on essaie de faire autre chose et autrement pour arriver au même but. Vous avez donné à Saint-Sulpice six années de votre vie cléricale : vous y avez laissé un souvenir qui n'est pas encore éteint... »

· Il y avait là toute une pléïade de jeunes clercs qui devaient être de grands et éminents serviteurs de l'Eglise. Il me suffira de rappeler les noms du cardinal Lavigerie, du cardinal Langénieux, de Mgr Foulon, de Mgr Thomas, de Mgr Terris, de Mgr Hugonin, de Mgr de la Tour-d'Au-, vergne, de Mgr Soubiranne, de Mgr Larue, de l'abbé F. Lagrange, l'abbé Cognat, l'abbé Le Rebours, l'abbé Taillandier, l'abbé Lemaître, l'abbé Roussel.

Ordonné prêtre à Paris, par Mgr Sibour, (25 mai 1850) l'abbé Le Boucher fut rappelé tout de suite dans son diocèse, par Mgr Angebault, et nommé vicaire de la paroisse Saint-Laud d'Angers, sous la direction d'un curé « chef-d'œuvre de zèle, de probité et de vertu, » comme on l'a pu dire, en parlant de l'austère et douce figure du vénérable M. Lecoindre.

L'abbé Le Boucher montra dès lors les grandes qualités d'esprit et de cœur qu'il devait apporter plus tard dans sa paroisse de Beaufort. C'est de cette époque que date notamment la création d'un des premiers patronages ouvriers de ce siècle, aujourd'hui encore l'un des plus beaux et des plus prospères, parmi tant d'autres qui l'ont imité, Notre-Dame-des-Champs d'Angers.

Je laisse ici la parole à l'un des témoins de cette fondation (1). Lorsque M. Le Boucher devint vicaire de Saint-Laud, il n'y avait à Angers, « pas un lieu de réunion pour le dimanche à l'usage des jeunes gens ; et les enfants, à peine soustraits à la surveillance de leurs maîtres, et à la bienfaisante influence du catéchisme, se trouvaient lancés dans le monde, sans asile pour sauvegarder leur foi et leur mœurs. » M. l'abbé Le Boucher « comprit qu'il y avait là beaucoup de bien à faire ; et, marchant sur les traces du vénérable M. Allemand, qui profita des moments de calme survenus à la fin du XVIIIeme siècle pour fonder, en 1799, l'Œuvre de la jeunesse à Marseille, il voulut doter Angers d'une institution semblable. Les commencements furent modestes : deux ou trois associés seulement jouaient et couraient dans le jardin de la cure de Saint-Laud, berceau de l'œuvre. L'année suivante (1851) la joyeuse colonie prit domicile à la Musse, sur la promenade de la Baumette, pour venir en septembre 1852 dans le splendide local qu'elle occupe aujourd'hui » avec bibliothèque, théâtre pour les grands jours, gymnastique, salle de jeux, à l'abri d'une jolie chapelle, solennellement bénite le 18 octobre 1869.

—Si Notre-Dame-des-Champs n'empêchait chaque dimanche qu'un seul péché mortel, répétait l'abbé Le Boucher, tous les sacrifices et toutes les peines, ne seraient-ils pas plus que compensés !... »

(1) M. Bernard Sommier.

Ne reconnaît-on pas dans ce propos, la foi si vive de notre bon curé de Beaufort ?...

L'exemple du fondateur de Notre-Dame-des-Champs d'Angers, fut bientôt suivi par un assez grand nombre de prêtres et de laïques pour que, dès 1858, l'abbé Le Boucher convoquât chez lui, les directeurs de patronages. Ce fut le premier de ces Congrès des Œuvres Ouvrières Catholiques, qui vingt ans plus tard comptaient près de 2000 adhérents ! par un sentiment de gratitude bien compréhensible, le grand congrès de 1870, à Versailles, choisit M. Le Boucher, pour vice-président, et, l'année suivante, le congrès de Nevers l'acclama pour son président. Puis, dès l'établissement d'un Bureau Central des œuvres ouvrières à Paris, le fondateur du patronage de Notre-Dame-des-Champs, l'initiateur véritable de l'Union des œuvres, fut prié d'y prendre place, à côté de Mgr de Ségur. A la fin de 1873, un véritable Congrès eut lieu à Beaufort même, sur l'initiative de M. Le Boucher, et l'on peut dire que c'est de cette réunion qu'apparut, plus nette que jamais, la nécessité de faire des patronages et cercles, de véritables «œuvres paroissiales». On a pu dire de lui, ainsi, qu'il a préparé, dans notre pays, le mouvement catholique ouvrier.

M. l'abbé Le Boucher ne devait pas, on le voit, borner sa sollicitude aux limites de Notre-Dame-des-Champs. Les sociétés, les patronages, de plus en plus nombreux, mais isolés, avaient besoin d'un lien, d'une correspondance. Il fonda et dirigea, de 1856 à 1860, avec l'approbation de son évêque, le *Jeune ouvrier*, revue mensuelle qu'un de ses collaborateurs et amis, M. Henry Jouin, devait reprendre plus tard, et tenir debout, non sans grands sacrifices, de 1870 à 1876, sous le titre de *Revue des associations catholiques ouvrières*. (1)

Comprenant les dangers de la presse, et sachant que, pour lutter contre les mauvais journaux, il n'y a guère qu'un moyen efficace, c'est d'en faire de bons, M. Le Boucher fondait, en 1861, à la librairie Lainé, d'Angers, avec le concours de MM. Blériot, qui en sont devenus depuist les propriétaires, le journal illustré l'*Ouvrier*, parvenu à un succès vraiment exceptionnel, après vingt-cinq ans (2).

L'extraordinaire énergie du jeune prêtre, son zèle intelligent pour les âmes, son tact exquis, engagèrent Mgr Angebault, qui s'y connaissait, à lui confier, tout en lui conservant le titre de directeur de Notre-Dame-

(1) L'œuvre des Cercles a repris cette publication qui, transformée, s'appelle aujourd'hui l'*Association catholique*.

(2) Outre un grand nombre de lettres et rapports relatifs à Notre-Dame-des-Champs, et aux œuvres ouvrières, M. l'abbé Le Boucher a publié un *Manuel de piété à l'usage des œuvres de la jeunesse* (Angers, 1861, deuxième édition, 1871) et aussi, les *Paroles* qu'il avait *prononcées au service solennel de Mgr A. R. Maupoint*, évêque de Saint-Denis, dans l'église de Chenehutte (Angers, 1871).

des-Champs, restée l'une de ses grandes œuvres, les fonctions déli-cates de supérieur général du Bon-Pasteur, l'une des plus importantes et des plus utiles congrégations de femmes.

Il succédait là, à un prêtre éminemment bon, qui a laissé de très chers souvenirs dans notre ville, M. Joubert, prédécesseur de M. Ferrand à la cure de Beaufort, et mort en 1858, vicaire général d'Angers.

L'évêque nommait, en même temps, l'abbé Le Boucher, en récom-pense des services rendus, chanoine honoraire de sa cathédrale (1). Malgré sa grande jeunesse, (il n'avait alors que trente-deux ans) M. Le Boucher fut un directeur émérite : sa correspondance, heureusement conservée, avec la fondatrice et première supérieure générale, Marie de Sainte Euphrasie Pelletier, restera comme un témoignage de la haute piété et de l'élévation d'esprit de ces deux grandes âmes (2).

Dès cette époque, Mgr Maupoint, récemment nommé à l'évêché de la Réunion, avait fait près du jeune prêtre de très vives instances, qu'il renouvela cinq ans après, sans plus de succès, pour se l'attacher en qua-lité de vicaire général. Comme plus tard, lorsqu'à diverses reprises son nom fut mis en avant pour l'épiscopat, dont il était assurément digne à tous égards, M. Le Boucher répondit alors qu'il se devait aux œuvres com-mencées. — J'aime mieux ma cure de Beaufort que tous les évêchés du monde !.. disait-il tout récemment encore. C'est à Beaufort que je veux mourir !...

Hélas ! il y devait en effet mourir, et bien plus tôt que nous ne le pouvions prévoir !..

Bon nombre d'entre nous n'ont pas oublié son entrée dans cette paroisse, le 10 mars 1863. C'était un jour de fête ! Sa réputation de bonté et de talent, réputation qui, nous l'avons vu, ne devait pas être démentie par vingt-trois années d'administration à Beaufort, l'avait précédé chez nous, malgré des lenteurs fâcheuses apportées dans sa nomina-tion par de mesquines considérations de la politique, comme si ce digne prêtre si plein de mesure, n'était point dès lors ce qu'il fut toujours depuis, le consolateur de toutes les âmes, sans acception de personnes ni d'opinions !..

Certes ! Ce serait bien mal interpréter les pensées de notre cher curé que de parler ici des divisions qui ont pu, à Beaufort, comme partout, nuire à l'harmonie de notre vie locale. Et je ne veux les signaler que

(1) M. Le Boucher était en outre chevalier de l'ordre du Saint-Sépulcre, cha-noine de Bordeaux, de Reims, etc.

(2) Plus tard, Mgr Freppel lui confia les fonctions de supérieur des religieuses Fontévristes de Chemillé : il y fit sa dernière visite au commencement d'août. Il était, en outre, confesseur extraordinaire des religieuses hospitalières de Saint-Joseph, si dévouées aux malades de notre Hôtel-Dieu.

pour rappeler avec quel tact parfait M. Le Boucher sut toujours, même lorsqu'il en souffrait cruellement, demeurer dans son rôle de prêtre, supérieur à toutes les querelles, à toutes les compétitions des partis : c'est, il faut le dire bien haut, grâce à cette forte et sage attitude de notre clergé docile à la voix de son chef, qu'une paix relative a pu prévaloir dans notre pays ; il convenait d'en faire honneur à la dignité ferme et conciliante à la fois de M. l'abbé Le Boucher (1).

Immédiatement après son installation à Beaufort, son zèle et sa piété se donnent carrière. Toute son activité est employée à instruire, à intéresser ses paroissiens, sur les choses de la religion. Pour cela, rien ne lui coûte ; ni soins, ni peines, ni fatigues. Sa devise de prédilection est : *Dilexi, Domine, decorem domûs tuæ.* Il aima la beauté de la maison de Dieu. Ses bréviaires, ses livres usuels portent presque tous, sur leurs gardes, cette aspiration de son cœur. Il s'empresse de relever les fondations pieuses que le temps avait laissé tomber ; il institue en même temps, de nouveaux exercices de piété, des associations, des réunions, qu'il alimente sans cesse par ses bonnes et douces causeries, par tous les moyens que lui suggère son industrieux amour des âmes, afin d'entretenir la foi, et d'exciter la charité de son troupeau.

C'est *l'Archiconfrérie des Mères chrétiennes*, (1865) qu'il dirige avec tant de sollicitude, après l'avoir instituée, présidant lui-même, par tous les temps, à ses réunions matinales de l'église ou de la chapelle des sœurs de Saint-Gildas ; ce sont les *Enfants de Marie* dont il se préoccupe sans cesse, avec tant de soucis ; puis la *Garde d'honneur du Saint-Sacrement* (1865) à laquelle il avait joint depuis peu, le premier jeudi de chaque mois, une méditation sur la mort, qu'il faisait souvent lui-même ; l'archiconfrérie de Saint-Joseph (1866) qu'il priait ardemment pour les familles chrétiennes, et pour la grâce d'une bonne mort ; la restauration de la confrérie du *Rosaire* (9 mars 1883) avec sa poétique procession des roses ! En même temps que la piété, la charité : c'est le *Vestiaire des pauvres* (1866) qui a soulagé tant d'indigents, et que notre bon curé se plaisait à visiter, distribuant sans cesse, avec ses aumônes, ses encouragements, ces gracieuses paroles qui mieux que les plus éloquents discours, réconfortent, soutiennent les efforts nécessaires, car si l'enthousiasme, peut créer les œuvres, l'esprit pratique et la persévérance seuls les peuvent faire vivre. Au *Vestiaire*, aujourd'hui, de 1800 à 2000 vêtements sont confectionnés, sur l'initiative de M. le Boucher, par les dames de la ville et par les enfants de Marie, sous la direction d'une des excellentes sœurs de saint Gildas. Généreux, hospitalier, magnifique et discret à

(1) M. Le Boucher eut pour vicaires à Beaufort, MM. Rrine, Pézot, Latour, Gallard, Auber, Guittet, Gorget, Royer, Piou, Bain et Brelle.

la fois, il pratiquait, au reste, avec une science consommée ce que l'on appelle si délicatement, l'art de la charité. Une des messagères de tant de bonnes actions, nous confiait, qu'on n'avait pas même une idée des moyens que M. Le Boucher savait employer pour arriver à soulager une misère, dès qu'elle lui était connue. Je ne trahirai personne en disant que certaines familles durement éprouvées, ont reçu des secours inespérés, sans se douter jamais de qui leur venait ces bienfaits. Je ne voudrais pas ajouter que notre bon curé recueillit toujours les fruits de la reconnaissonce.

— Que voulez-vous ? disait-il alors, pour les excuser, lorsqu'on s'étonnait de certains écarts, ces pauvres gens-là ont bien des peines !...
A leur place nous ne ferions peut-être pas mieux !... »

Citons encore la société de *Notre-Dame de Beaufort*, qu'il installe dans sa propre demeure et où il se donne tout entier aux plus humbles, peut-être de préférence à tous autres, ne se trouvant jamais plus heureux que quand il voit ses chers enfants plus à l'aise avec lui. Même à cette dernière fête de Saint-Augustin, qu'il avait célébrée plus joyeusement que jamais, le 25 août dernier, étant déjà marqué par le doigt de la mort, souffrant le martyre, ayant besoin de repos, ne l'a t-on pas entendu recommander, malgré l'heure avancée qu'on ne troublât pas les jeux bruyants de ses jeunes sociétaires. — « Il faut bien qu'ils s'amusent ! » disait-il.

Plus sérieuse encore peut-être que toute autre, était pour lui l'œuvre du *Catéchisme de persévérance,* instituée depuis 1869, selon la méthode des catéchismes de Saint-Sulpice, « l'œuvre des œuvres » comme il l'appelait à bon droit, puisque pour bien pratiquer la loi de Dieu, il importe préalablement de la bien connaître. Déjà toute une génération l'a vu s'attacher lui-même aux plus petits détails de cette instruction religieuse, qu'il savait rendre si intéressante. En même temps, il ne négligeait pas de présider souvent lui-même le *petit cathéchisme.* C'était d'ailleurs une occasion pour lui de montrer, combien, à l'exemple du divin maître, il aimait les petits enfants : il les appelait dans les rues, pour les embrasser, leur distribuer des images, des gâteaux, pour les bénir, pauvres et riches : véritablement *bon pasteur* pour toutes ses brebis. Car il cherchait toutes les occasions de dire à tous quelques mots affectueux, aux ouvriers, aux vieillards... Si quelque malheur s'abattait sur une famille de Beaufort, il savait avec tact donner de ces bonnes et réconfortantes paroles qui prouvaient que, vrai père de sa paroisse, il prenait véritablement une part à toutes ces peines. Dans les petites fêtes de la cure, de la maison des sœurs, des frères, dans ces réunions auxquelles il aimait à se rendre, pour les anniversaires, il se trouvait si joyeux d'être avec ses enfants de Beaufort, que, malgré soucis et douleurs, on le voyait communiquer à tous cet entrain qui animait, intéressait, appelait et retenait tout le monde. Il ne m'appartient pas de dire le soin qu'apportait notre cher curé à la confession, ce tribunal de paix et de pardon : affecté d'infirmités déjà anciennes, n'était-il pas là, à toute heure, et en tout temps, et pour tout le monde, dans ce coin sombre de son église ; et, qui sait ! si ce n'est point pendant les quinze années de construction de la nef et du transept, qu'exposé au froid, à l'humidité, à toutes les variations de température, un trop long séjour dans ce temple qui était vraiment devenu sa propre demeure, n'a pas été la cause des maladies qui devaient le ravir sitôt à notre affection !...

Vrai soldat de Dieu, il mourut à son poste : le samedi soir, veille de saint Augustin, ses souffrances lui arrachaient des plaintes, et ce n'est que par la force d'une énergie, déjà presque épuisée au service des âmes, qu'il put achever d'entendre les confessions.

— Ma sœur, disait-il, quelques jours plus tard, le jour même de sa mort, à la religieuse franciscaine, (venue d'Angers pour le soigner, afin d'éviter un surcroît de fatigue à ses domestiques) ma sœur, je crois avoir souffert, ces jours-ci, tout ce que la pauvre humanité peut être capable de supporter. » Et à ses vicaires, il répétait : — « On ne pense pas assez au bon Dieu !... mes amis. » Puis il parlait encore de ses préoccupations : — « Si du moins, disait-il, je pouvais achever mon église, cela me rendrait des forces !.. »

Ah ! cette église de Beaufort, comme il l'aimait ! Avec quelle émotion il vous en parlait, dans ces instructions, ces entretiens de famille pour ainsi dire, où son cœur débordait de joie et d'espérance ! Et avec quel enthousiasme ! Alors qu'ayant pu mener à bien, au milieu de tant de difficultés de toutes sortes, ce monument dont nous sommes si fiers, il achevait à peine un embellissement à son église, vous le savez, il en rêvait aussitôt de nouveaux, encore de nouveaux, ne trouvant rien de trop magnifique, de trop grand pour la reine du Ciel et pour son divin fils *de Maria nunquam satis*, selon le mot de saint Bernard (1).

Vous souvenez-vous aujourd'hui de notre vieille église, inachevée encore

---

(1) Il serait injuste de parler de l'église de Beaufort sans rendre hommage à la générosité magnifique de Mlle du Landreau.

C'est à cette générosité que le brave commandant de la Cochetière faisait allusion, lorsque le 5 juin 1879, à la bénédiction du bourdon de l'église, en présence de Mgr l'évêque d'Angers, il disait aux applaudissements de l'assistance : « Oui, je le déclare bien haut : c'est à M. Le Boucher que la cité de Beaufort devra de garder un nom dans l'histoire. C'est lui, en effet qui, inspiré de Dieu, a su trouver dans nos murs une femme d'élite, pour répandre, comme autrefois Jeanne de Laval, de nombreux bienfaits sur notre ville ; c'est lui, qui, malgré les obstacles que savent susciter, à notre époque troublée, les ennemis de la religion, est parvenu à mener à bonne fin une entreprise gigantesque... »

en 1868, après plus de trois siècles d'interruption ? et de son vieux chœur de ses pignons qui obstruaient la place Jeanne de Laval, de cette lourde galerie de l'ancien cimetière, de son « jubé », de son calvaire, de son pavé disjoint, de ses vitres battantes, et de tant d'autres détails qu'il est aujourd'hui si difficile de reconstituer par la pensée. Cette magnifique église de Notre-Dame de Beaufort, ces admirables verrières de E. Didron, qui retracent les beautés du culte de la sainte Vierge, tous ces riches ornements, ces vases sacrés, ces cloches, ces orgues, toutes ces merveilles, voilà ce que lègue à Beaufort M. Le Boucher, après vingt-trois ans d'administration, avec le souvenir impérissable de sa grande âme, l'exemple de son zèle incomparable pour le bien, de sa tendre piété envers Marie, de son affection, de son dévouement inaltérable pour notre pays, enfin d'une charité, d'une bonté à laquelle ce serait ingratitude de ne pas rendre hommage.

Et quelle splendeur dans les cérémonies du culte ! Comme on l'a pu dire: « quelle majesté douce dans toute sa personne ! (1) »

Quelle dignité imposante et propre à inspirer le respect et la confiance ; quel prêtre enfin, que M. l'abbé Le Boucher !

Toute sa vie, depuis son ordination à Notre-Dame de Paris, notre cher curé avait été, comme il aimait à le rappeler aux jours de fête et de joie, le « serviteur de Marie. » Au chevet de son église domine, dans les verrières, l'apothéose de Notre-Dame. Au dessous, la chapelle de la sainte Vierge était son lieu de prédilection : nous l'avons tous vu maintes fois contempler cette chapelle, y prier avec ferveur, exhorter ses amis à orner ce sanctuaire de fleurs sans cesse renouvelées... Au congrès de Chartres, l'évêque, le vénérable Mgr Regnault, désirait lui accorder quelque faveur, afin de rendre hommage à son rare dévouement pour les œuvres : la faveur qu'il demanda, et qu'il obtint, avec une joie inexprimable, ce fut cette insigne relique d'un fragment du voile de la sainte Vierge qui, depuis le 28 septembre 1878, enrichit le trésor de notre église. Un rêve dont il nous entretenait souvent, c'était de faire de notre ville « la cité de la sainte Vierge » et d'ériger quelque jour, sur les ruines de notre vieux château féodal, une statue colossale de Notre-Dame de Beaufort, dominant toute la vallée...

Enfin l'un des tourments de sa dernière maladie n'était-il pas de ne pouvoir conduire au moins ses enfants de Marie en pèlerinage, comme il l'avait projeté à Notre-Dame des Ardilliers de Saumur, le jour de la Nativité ?.. Dieu lui a fait la grâce de mourir la veille de cette grande fête, doublement chère à sa piété, et à son amour de la paroisse, puisqu'elle

(1) Mgr Chesneau, discours aux obsèques.

porte dans son diocèse le nom de Notre-Dame l'Angevine (1) et que c'était vraisemblablement la fête de la première dédicace de son église (2).

Ceux qui ont connu M. Le Boucher, ceux qui le pleurent comme nous le pleurons, comme il méritait d'être pleuré, conservent au moins, dans leur deuil, la douce et pieuse espérance que son âme achevant le 7 septembre à 9 heures du soir, ce douloureux pèlerinage de la terre, est allée fêter la Nativité de Notre-Dame, dans le Ciel.

Selon le mot de saint Bernard que Le M. Boucher rappelait si souvent en ses causeries: «le serviteur de Marie ne périra pas », nous en avons la certitude.

Mais nous manquerions aux dernières intentions de notre cher et à jamais regretté curé, si nous ne joignions pas nos prières à ces espérances.

— « Qu'on ne dise pas de moi, s'écrie-t-il dans son testament, œuvre « de piété et d'humilité sacerdotale : c'était un bon prêtre ! c'était un saint « prêtre ; il est au ciel ; de grâce, qu'on prie pour moi !. » *Miserere mei,* « *saltem vos, amici mei !..* Souvenez-vous de moi, dans vos prières, vous, du moins, qui fûtes mes amis !...

Paris, 15 septembre 1886.

Les Obsèques

Un grand nombre de journaux ont rendu hommage à la mémoire de M. l'abbé Le Boucher. Nous citerons entr'autres : la *Défense,* le *Soleil,* la *Gazette de France,* le *Français,* le *Monde,* l'*Univers,* le *Journal des Villes et des Campagnes,* le *Gaulois,* le *Figaro,* la *France Illustrée,* la *Semaine religieuse* d'Angers, l'*Union de l'Ouest,* le *Journal de Maine-et-Loire,* le *Réveil de l'Ouest,* etc... Quelques uns ont donné sur les funérailles des détails que nous leurs empruntons ici.

On a célébré le vendredi 10 septembre, à Beaufort les obsèques du regretté curé de cette ville, M. l'abbé Le Boucher. Jamais plus complète unanimité dans les hommages et les regrets n'a dû accompagner un prêtre à sa dernière demeure.

Jusqu'au moment des funérailles, la paroisse toute entière est venue prier

---

(1) Un des vitraux de l'église de Beaufort rappelle l'institution de cette fête, attribuée à l'évêque d'Angers, saint Maurille.

(2) Voir notre *Monographie de Notre-Dame de Beaufort* in-8o, dont la publication a été entreprise, en 1874, sur les instances de M. l'abbé Le Boucher.

devant le corps du saint prêtre. C'était partout une douleur profonde. Les paroissiens s'ingéniaient à trouver, dans les souvenirs de chacun, ce qui plaisait le plus, en son vivant, à leur pasteur, ce qu'on estimait le plus délicat et le plus propre à honorer ses dépouilles mortelles. On l'a littéralement enseveli dans les roses, et la chapelle Saint-Augustin, dans la splendide église de Beaufort, est, à l'heure actuelle, toute tapissée de magnifiques couronnes apportées ou tressées par des mains amies, offertes par des cœurs reconnaissants. Les maîtres ouvriers de Beaufort, le patronage de Notre-Dame de Beaufort, celui de Notre-Dame-des-Champs d'Angers — l'un et l'autre avec leur bannière en deuil, — l'association des Mères chrétiennes, la Congrégation des Enfants de Marie, avaient apporté leurs fleurs et leurs couronnes, comme toutes les écoles sans exception : école chrétienne libre des Frères, école libre des Sœurs de Saint-Gildas, école communale gratuite des religieuses, école communale laïque des filles, celle des garçons, l'école d'asile, sans compter de nombreuses couronnes et bouquets particuliers.

Cent dix-huit prêtres assistaient à ces mémorables funérailles. Parmi eux, MM. les chanoines Priou, Ravain, Sécher, Malsou, Pessard, représentants de l'évêque.

Dès le soir de sa mort, les jeunes sociétaires de Notre-Dame de Beaufort réclamaient le triste honneur de porter leur curé sur la couche funèbre, où il est resté exposé, dans le salon de la cure, transformé en chapelle ardente.

Le deuil était conduit par MM. les vicaires : MM. E. Royer, Brin et Brelle, et par la famille, au premier rang de laquelle on remarquait les deux frères du vénéré défunt : le R. P. Le Boucher, de la Compagnie de Jésus ; M. Emmanuel Le Boucher, ancien procureur à Orléans, puis à Nantes, et son fils, sous-lieutenant d'infanterie, M. et Mme Cholet, MM. Godron, Mlle Noémie Le Boucher.

Enfin un grand nombre d'amis, accourus à la nouvelle de cette mort inopinée de tous les points de France ; le Conseil municipal presque tout entier, municipalité en tête ; les gardes champêtres ; toute la brigade de gendarmerie, à titre privé ; nombre d'employés de l'administration, enfin presque toute la paroisse : ceux qui n'avaient pu se joindre au cortège se tenaient respectueux, se signaient, et s'agenouillaient sur le parcours de la procession, qui a fait le tour de la ville, comme à la procession de la Fête-Dieu, ainsi que la municipalité s'était empressée de l'autoriser.

Le journal l'*Ouvrier* s'était fait représenter.

Mgr Chesneau, vicaire général d'Angers, a donné l'absoute, et fait, en chaire, un très-bel et très touchant éloge du vénéré défunt, insigne bienfaiteur de la paroisse et de la ville de Beaufort, qui en gardera toujours la mémoire bénie. M. l'abbé Massonneau, le vénérable curé de Longué, a célébré la messe assisté de MM. Aubert, curé de Chalonnes, et Raine, curé de Saint-Pierre de Chemillé, anciens vicaires à Beaufort.

Quelques paroles émues furent dites sur la tombe par M. René Leproust, avocat à la cour d'appel de Bordeaux, originaire de Beaufort.

Les cordons du poêle étaient tenus par celui-ci, et par M. René d'Andigné, représentant son père, M. le général marquis d'Andigné, sénateur, retenu par la maladie, M. le docteur Geslin, chevalier de la Légion d'honneur, conseiller d'arrondissement et conseiller municipal de Beaufort, et M. Henri de la Cochetière, trésorier du conseil de fabrique.

Sa Sainteté Léon XIII, informée par M. Joseph Denais, directeur de la *Défense*, de l'agonie du vénérable curé de Beaufort, avait daigné faire transmettre immédiatement de Rome, par S. E. le cardinal Jacobini, la bénédiction pontificale.

L'évêque d'Angers avait envoyé aussi sa bénédiction.

Les paroissiens de Beaufort se sont honorés en suivant si pieusement son convoi funèbre, et en rendant si dignement hommage à la mémoire de leur excellent curé. Nous recommandons d'une manière spéciale l'âme de M. l'abbé Le Boucher aux prières, qui seules peuvent acquitter la dette de reconnaissance contractée vis-à-vis de cet excellent serviteur de Dieu, digne d'être cité comme l'un des plus parfaits modèles du prêtre.

Projet de Monument

Un « ami des ouvriers » qui est en même temps un ami du beau et du bien, en rendant hommage à la mémoire de M. Le Boucher, parle en ces termes d'une idée qui, tout de suite, est naturellement éclose à Beaufort, de conserver dans l'église, le souvenir de notre curé, par un monument vraiment digne de cet insigne bienfaiteur de la paroisse. Voici comment on pourrait concevoir, peut-être, la réalisation de ce projet :

« Le monument de l'abbé Le Boucher doit rappeler ce qu'il fut : un homme de prière, d'apostolat intime, doublé d'un artiste.

« En dehors de son influence dont la trace ne peut être ressaisie que par des chrétiens initiés à sa vie de dévouement, l'abbé Le Boucher laisse après lui deux œuvres : Notre-Dame-des-Champs et l'église de Beaufort. L'une pourrait être appelée sans exagération « le palais de la jeunesse ouvrière » ; l'autre a les proportions, la splendeur, la richesse d'une cathédrale. Et du premier de ces édifices aussi bien que du second, c'est l'abbé Le Boucher — M. Beignet ne nous contredira pas — qui a été le véritable, nous dirions volontiers le seul architecte. A mesure que l'inépuisable générosité d'une femme chrétienne, chez qui se trouvent réunis le nom, la vertu, la fortune, l'encourageait à parachever son église paroissiale, l'abbé Le Boucher multipliait les chapelles, les nefs, les verrières, les statues dans ce temple somptueux de Notre-Dame de Beaufort. C'est là que nous souhaitons de pouvoir contempler un jour ses traits aimés, dans quelque angle retiré sous le jour tranquille que dispensent à l'intérieur de l'église recueillie les vitraux superbes sortis des mains d'un artiste savant. C'est là que nous nous plaisons à placer son image. Nous la rêvons conforme à la vie de prière du prêtre et de l'éducateur. S'il nous était permis d'anticiper sur le droit du statuaire, nous voudrions que son ciseau docile représentât le pasteur et le fondateur d'Œuvres à genoux devant cette statue de la Vierge, que lui-même avait composée pour la cour d'honneur de Notre-Dame-des-Champs. *(Ego flos campi et lilium convallium).* Debout, elle tient l'Enfant divin dans ses deux mains et l'Enfant a les bras ouverts, appelant à lui le monde des croyants, des humbles, des repentants et des deshérités. C'est devant ce symbole admirable de la Miséricorde, que nous aimerions à voir en adoration le prêtre saint, généreux, intelligent, supérieur, qui n'a cessé de faire honneur à l'église d'Angers. Aux pieds de l'homme de bien, quelques feuillets épars, pages oubliées mais durables de cet esprit en éveil, qui jamais n'a connu d'obstacle dans son apostolat infatigable. Sur ces feuillets seraient inscrites les mentions : *Congrès d'Angers (1858), Congrès de Beaufort (1873), Le Jeune Ouvrier.* Nous conservons l'espoir que ce monument modeste, témoignage de gratitude et de respect envers la mémoire d'un bienfaiteur des pauvres, d'un homme selon le cœur de Dieu, ne se fera pas attendre. *(Union de l'Ouest, 21 septembre 1886.)* »

Cette brochure se vend au profit du monument projeté à la mémoire de M. le curé de Beaufort.

0,50 centimes l'exemplaire,
0,65 » *franco* par la poste.

Se trouve :

A *BEAUFORT :* « chez l'auteur. »

A *PARIS :* « aux bureaux du journal la *Défense*, 20, rue « Bergère. »

DU MÊME AUTEUR :

Monographie de Notre-Dame de Beaufort, église et paroisse. — Paris, in-8° et in-12 de 564 pages.

L'Hôtel-Dieu de Beaufort. — Paris, in-18.

EN PRÉPARATION

Les vitraux de l'Église de Beaufort.

Paris-Auteuil. — Impr. des Apprentis-Orphelins. — ROUSSEL, 40, rue La Fontaine.